Happy Evolution

ハッピー エボリューション

時任千佳

JN096835

GOMA BOOKS

ギリシャ
エーゲ海に浮かぶサントリーニ島

私が今まで出会った美しい世界へとご案内します。
この地球の美しさや偉大さを感じてみてください。

ハートの扉をあけると自由になれます。

ハートにはたくさんの奇跡を起こす叡智や勇気、愛があります。
ハートはダイレクトに宇宙に繋がれる場所です。

そのハートに毎日コンタクトをとることによって
自然と頭で考えなくなります。

毎日、ハートを美しい光で満たしてみてください。

これによって、内側からの光や愛が
自分を美しく若返らせてくれます。

Open Your Heart

オーストラリア　フレザー島
世界最大の砂の島
先住民族アボリジニは「K'gari（楽園）」と呼んでいました。

Smile
Makes paradise

笑顔が楽園をつくります。

赤ちゃんは1日に400回も笑います。
でも、大人になると20回も笑わなくなるそうです。

笑顔こそが人生を幸せにする、簡単な魔法。

「成功の哲学」なんて…
難しく考えないで…

笑って生きよう！
がっはっはっはっはっはーーーーっ
あっはっはっはっはっはーーーーっ
わっはっはっはっはっはーーーーっ

マチュピチュ　白い蝶

マチュピチュに訪れたなら、
太陽の門まで登ってみてください。

なんども深い呼吸でプラーナを吸い
自分の内側をクリアニングしながら、
瞑想状態で細いインカ道を登って行くと、
まるで羽が生えたかのようにカラダが軽くなって、
天空まで飛べそうな気がした。

途中、白い蝶が何度もやって来て、
光が反射した羽を広げては、
まるでアメジストとオパールがちりばめられたような
美しい輝きを放ちながら去って行くのです。

「どうぞ近くに来てください」
と、心の中でそっと囁くと…
優雅にゆっくりと私の肩までやって来てくれました。

神さまが与えてくれた色と形
私たちもみんなそう。
一緒に光輝いて生きていきましょう。

Prana

呼吸によってプラーナを得ることができます。
プラーナとは生命力を司るエネルギー

生命の息吹そのものです。

宇宙すべてのエネルギー
自然界のすべてのエネルギー
これらを合わせたものです。

世の中で成功をしている人、
影響力を持つ人、魅力的な人、
すべてプラーナの力によるものです。

プラーナは心臓に宿ります。
プラーナは変化しながら身体を移動します。

それが、アパーナ、サマーナ、ウダーナ、ヴィヤーナです。

肛門に宿ったものはアパーナと呼ばれ、
下半身から毒素を排出する力になり、
また、出産などもこの力で行います。

腹、臍のあたりに宿ったものをサマーナと呼び
エネルギーの吸収と排出をコントロールして、
隠されたエネルギーの源を開きます。

喉に宿ったものをウダーナと言い、
喉から毒素を出し、真実の扉を開けます。

全身すべてに行き渡り、細胞へ栄養を運び、
血液の循環を整えバランスを良くするのが、
ヴィヤーナと呼ばれるものです。

Apana

もう一度書きますが、
すべてプラーナが変化したものです。

この5つが整うことで
自然と頭の中のマインドを使わなくなります。

つまり、過去の後悔に頭を使わず、
未来への心配や不安も考えなくなり、
どんな状況でも楽に生きていけます。

ヨガの経典には、
呼吸はプラーナ・ヴァユ（プラーナを運ぶもの）と書いてあります。

深い呼吸によってプラーナを取り込むことができます。
何か問題があったり悩みがある時に呼吸が浅くなりますが、
これは自分の思考、頭の中のおしゃべり、マインドによる、いたずらなのです。

プラーナはマインドは連携しており、呼吸をコントロールすることで、
プラーナをコントロールして、マインドもコントロールすることができるのです。

肺を使って息を吹くことをプラーナヤーマと言い、
プラーナヤーマの制御とは、
ポーズ（アーサナ）を安定させることによって呼吸を停止させることです。
プラーナヤーマを実践することで、
肉体と感覚器官の不純物を流し出すことができます。

プラーナヤーマの最も高位の目的は、
プラーナをアパーナと合一させ、
その合一した「プラーナパーナ」を
ゆっくりと第10のゲートであるサハスラーラ（第7チャクラ）まで
持っていくことです。

ハートの純粋意識のエネルギーと、このプラーナパーナが統一されると、
神聖なクンダリーニが目覚めます。

クンダリーニが目覚めることで、
どんな状況でも幸せを感じれるようになります。

セドナ、母なる子宮

地 — ダルティ

地のエネルギーとは、私たちの肉体の骨の部分に働きかけていきます。
私たちが動くとき、骨の位置や骨の仕組みによって、その心地よさが
決まってきますが、地のエネルギーを受け取れる人は老化が遅く進みます。
また古代からの地のエネルギーに繋がることで、古代からの知恵を授かる
ことができるのです。
私たちがこの世を去り残るのは骨です。この骨を自然界に戻すことで、
この世に対して未練がなくなると言われています。

自身が持っていたエレメントの1つが地球と調和されるからです。

身体を浄化させていけば骨も丈夫になり綺麗になります。

骨の中にもいろんなものが溶け込んでいるからです。

そして骨のエネルギーのバランスが取れることで、
マントラを唱えたときに、美しい音色が出るようになります。

骨は美しい楽器だからです。

これは、地のエレメントを活性化するのにとても大切なプロセスです。

地のエネルギーを強めるためのグランディグはオススメしません。

時代が変わり、私たちは敏速に動かなければならなくなりました。
飛行機や携帯がある時代では、その情報とともに身も心も軽くなる必要があるので
す。仕事の流れが悪い場合は絶対にグランディグをしない方がいいです。

すべてのエネルギーを宇宙意識と繋げていき身体を軽くすることです。

また、過去や先祖の意識に縛られたくなければ、このような時代に合った
瞑想法をオススメします。

アンテロープ　キャニオン
私たちも同じように自然界につくられた美しい形を持っています。

5000万年もの年月をかけて
自然にできあがったもの

Red Sand

モニュメントバレー
ナバホ族の聖地

19

カリブ海・バミューダ諸島

海が大好きな私にとって、この場所は完璧です。
なんたってピンク色の砂浜と透き通る海水なのです。

赤い珊瑚礁が砂と交じってピンク色になったそうです。

この2年間は
光と闇が分かりやすく共存している場所に足を向け、
自分の中にある光や闇を照らしていきました。

光だと思ってたものが闇だったりすることがあります。
光も闇も愛であって、
それによって、この宇宙も地球も私たちも存在しています。

自分が成長するために必要な「光と闇」というシナリオの中で、
いかに自分自身が純粋意識を持ち続けることができるかが
重要になってきます。

嫌な役を演じてくれる方がいることを忘れずに、
その方にも心から感謝を持てたら、
きっと、私たちは真実の優しさを
自分の中から生み出すことができるのでしょう。

そして、その波動は周りの人も幸せにすることができるのです。

エジプトの白砂漠

White Sand

エジプトのシャルム・エル・シェイク

水 — パニ

水の中にいるだけでナチュラルな自分に戻っていく。
水に触れているだけで生命力を感じられる。
太古の彼方から私たちの中に眠る記憶が蘇るのかも知れない。
最初の楽園である母親の子宮の中にいたときの感覚、本来の自分になれる。
私たちの祖先が水の中で生きる術を得ていたからなのか…
私は文字通り、「水を得た魚」のように泳ぎまくってしまう。

水の中にいると、私たちは自然といろんなことを手放しはじめます。
水の流れが私たちを解放してくれるのです。

水のエレメントには、胸やみぞおちの辺りを意識することで繋がります。

深呼吸とともに海の深いところへと泳いで行くイメージを持ちましょう。
息を大きく吸い、青く神秘的な光の輪へと吸い込まれていきます。
水のエレメントはあなたを深く守ってくれます。
そして大きな気づきを与えてくれます。
また恐怖心を解放してくれます。

Water

ヒーリングレイク　ヒマラヤの奇跡の湖

標高4,632メートルの山頂に囲まれた氷河湖
多くの奇跡が起きたことで、毎年多くの方がこの地まで巡礼にやって来ます。

ヒマラヤ4,000メートルにある湖

水は私たちの下腹部から胸にかけて働きかけていきます。

水のパワーは偉大です。
私たちに浸透した他の惑星の刷り込みも解放できるパワーがあります。

多くの聖者は水の中で悟りを得ており、
水のエレメントがなければ、
クンダリーニを覚醒することはできません。

500年前、シーク教初代グル、ナーナクは、
毎日のサーダナの前に行う沐浴のために、
このインドのヴァエ川に入り、姿を消しました。

この水の中で深いサマーディに達した彼は、
グル、すなわち光明を得た者に変容したのです。

３日目の朝、ちょうど日が昇る頃、
ナーナクは川から出てきて、この言葉を最初に言いました。

"Ik Ongkaar"（私たちは皆 ひとつ）

Guru Nanak

サラスワァティーとは
サンスクリット語で「水を持つもの」という意味で、
ヒンドゥー教の女神です。

創造の神ブラフマーが自分の肉体から作り、
その美しさに惹かれ、常に見ておきたいと思い、
自分の顔を前後左右4つに増やしたと言われています。

サラスワァティーは、
あらゆる人間の魂を一瞬にして多くの段階、次元に繋げることができ、
自分の能力や秘められた真実を表に出す手助けしてくれる、
美や芸術、知識を司る神様です。

また、ハラフワティー・アルドゥィー・スーラーという別名があり、
ゾロアスター教のアナーヒター（水の神、海と星を支配する運命の神）と
同一視されており、
日本では、
サラスワァティーは弁財天、千手観音の原型だと言われています。

インド　アムリトサル

シーク教　黄金寺院

火 ― アグニ

火のエレメントは私たちに普遍的なエネルギーを与えてくれます。
それは火が持つユニークな特徴があるからです。

火はものを破壊したり燃やすことができます。
また液体を固体に変えるという物質現象も起こすことができます。
火のエレメントを巧みに使いこなすことで、
物事を上手に動かしたり、
物事の本質を見分けることができるようになります。

また過去からのいらないものを浄化する作用もあり、
私たちが進化するにはとても重要なエレメントです。

バンクーバーアイランド

インドでは特別な火の儀式を行います。
ドゥーナ（Dhuna）と呼ばれる炉を設置し、ギーや特殊な薬草、穀物、
ゴマ、クローブ、カルダモンや、それ以外の薬草を火の中に捧げ、
火のマントラを唱えます。

このプロセスによって
アークライン（左右の耳たぶから額を通るライン）とオーラが浄化されます。
見たり、触れたりすることで人を癒すパワーを授かる場合もあります。
このプロセスはネガティブなカルマを燃やし、
ダルマの道を歩くための道を開いてくれます。
火の中に何を入れるかが非常に大事です。

火のエレメントの修行をすると
「カチャン・カヤ」と呼ばれる不老のゴールデンボディ（黄金の身体）に
到達することができます。

火の象徴である太陽神

2016年と2018年10月21日
２度、光の奇跡を

アブシンベル神殿の大神殿の入口から太陽の光が一直線に入り込み、
奥に鎮座している宇宙の創造神プタハ以外の、
太陽神ラー・ホルアクティ、ラムセス２世、王の守護神アメン・ラー、
３体の顔を照らすという、とても神秘的な現象が起きます。

エジプトでは、
アモン神（日本ではアメン神といいます）だけを祀っていましたが、
大きな神殿を建設するために、太陽神であるラー神と合体させました。
それが、現在のカルナック神殿です。
ラムセス２世は、アモン神を崇拝していました。

紀元前14世紀初頭
アメンヘテプ４世が王となってから、
それまでのアモン神子ラーの崇拝、オシリスやその息子ホルス、イシスなどの
700もあった神の偶像崇拝をやめさせ、
太陽円盤アテン神だけを唯一の神としました。
自分の名前も
Akhenaten「アクエンアテンまたはイクナートン」アテン神に仕えし者と
変えたのです。
イクナートンの時代は17年間と短い期間でしたが、
現在でもイスラム教徒から、アラーの神の原型を作った王様だとして、
とても人気があります。

2016年10月21日　光の奇跡

2018年10月21日　光の奇跡

貴族の墓　アテン神のレリーフ

アテン神である太陽円盤からは複数の手が伸び、

その1つにエジプトの象徴でもあるアンク文字の「生命の鍵」があります。

ナイル川は南から北へと流れており、途中2本の支流に別れています。
この形が「生命の鍵」なのです。

イクナートンには複数の妻がおり、息子がツタンカーメンです。
また、ネフェルティティはイクナートンの第1王妃でした
彼女がどこからやって来たのか、いまだ不明です。

私がエジプトに訪れることになったキッカケは、
ネフェルティティのお墓を発掘するチームの方との出会いからでした。

私の前に現れたネフェルティティは、とても神秘的で知的な方でした。
彼女に抱きしめられた感覚を今でも覚えています。

あの頃から私は高貴なグレース・エネルギーと繋がるようになっていきました。

アテン神崇拝者として、太陽円盤として描かれていた存在と交信できるという、
素晴らしい力を発揮していた彼女は、
後にリーダー的な存在となり、この時代を動かしていたのでしょう。

ネフェルティティからこんなメッセージを受け取りました。

「最終的に宇宙の波動の音は108あります。
その音を組み合わせることで私たちの肉体にある108のチャクラが反応して、
カーにも影響を及ぼし、DNA配列まで変えてくれます。
性のエネルギーは自分を進化させるために使う大切なエネルギーです。
低次元のエクスタシーのために使うものではありません。
このエネルギーを感じられる肉体に与えられたことに
喜びと敬意を表してください。」

アブシンベル神殿

エジプト神話には（カー）という概念があります。
このカーとは、
いわばスピリチュアル（霊魂）、活力など指すもので、
すべての人間や神が備えており、
死とは、肉体からカーが離れていくために起きる現象だとも言われていたのです。

ラーの時代、マートという名の女神がいます。
この女神は、イシスの愛と力により死から蘇ったオシリスとともに
死者の門番人でした。

死者の魂とマートが持つ羽根を天秤にのせ、
生前の罪が多いと魂が羽根より重くなり、天界には行けない「カルマ説」や、
魔術や神によって人々をコントロールしていた時代から、
イクナートンは、「個人レベルでアトンを通して宇宙に繋がれる」と変えました。

輝く魂の象徴でもある、アトンは、
太陽のラーとは違った、金星という惑星でもあったのです。

イクナートンはいち早く金星と繋がることができ、
そして自分を通して、人々がアテン神と繋がり
真実の愛に目覚めるように導いていたのです。

これから、私たちは個人レベルで太陽を通して金星に繋がり、
神聖な気品と優雅さと知恵を取り戻し、
更に新しい惑星へとシフトして行きます。

空気 ― パワン

空気は私たちに幸せを与えてくれます。
生きるための意志やパワーを与えてくれるのです。
このパワーは私たちの根本的なエネルギーを一気に変えてくれます。
それは私たちのナーディの本質を変えてくれるからです。

あなたがこの空気のマントラをマスターしたならば、
この世が今までと違った感覚で観ることができます。
まるで別次元で生きているような、目の前で起きる出来事すべての
抽象度を上げた視点になります。
そしてあなたは光を見ることが当たり前になるでしょう。
それはあなた自身の光が増したからです。

ヨギは空気のエレメントをマスターする時、ある一定期間、
地面に触れないという誓いを立て、木の皮と葉、果物しか食べずに
木の上で瞑想して過ごします。

そして、空気のマントラを使った瞑想によってマスターしていきます。

エジプトの奇跡の木

エジプトの奇跡の木

こんなに乾燥している場所に
600年も生き続けているたった1本のアカシヤの木。

奇跡の木と呼ばれている。

ちょうど私が訪れたとき
黄色い花が咲き誇っていた。

その周りに、無数の美しい蝶と青い色をしたトンボが舞っており
私の目とハートを釘付けにした。

どんなに無理だと言われても
やめた方がいいと言われても
私は頑固だから絶対に諦めない。

言われれば言われるほど
やりたくなってしまう。

このアカシヤの木もそうなのかも
だとしたら奇跡って…
やっぱり自分の中の決断なのかも
だとしたら頑固って…
けっこうイカしてることなのかも

この白砂漠もそうやって辿り着いた。
絶対に入れないと言われたけど…
折れずに説得し続けてみた。

私はずっと奇跡の木でいたい。

ニュージーランドで暮らしている時
器用な夫がツリーハウスをつくった。

子どもたちの基地になって…
きゃっきゃっと、よく遊んだな、
ある日、その中に卵を見つけた。

ダックのお母さん…ごめんなさい。
家に持ち帰ってしまいました。

毎日、夢中になって温めていると
ある日、コツコツとクチバシで殻を割って
中から小さなダックの赤ちゃんが誕生した。

あまりの生命の美しさに感動して
家族でうるうると涙を流しながら喜んだ。

生まれて初めて見た私たちのことを
親だと思っているから、ずっと追いかけて来て
ダックの赤ちゃん…可愛かった。

ある日、突然旅立って…
ある日、恋人を連れて戻って来た。

遠いところで、恋人は恐る恐る見てて
息子は「おっかさん」っと言いたげに
どんどん近くまでやって来たけれど

大工さんが庭先で木を切る
ギーンギーンという音にビックリして
またダックは飛び立ってしまった。

そしてもう二度と戻ってはこなかった。

エーテル ― アカーシュ

エーテルは私たちの神髄をマスターするために大切なエレメントです。
5本の指をかかげて見てください。
あなたは何を感じますか？
そこに神性を感じることができるとしたら、
あなたの中に宿った神々を見出していると言えます。
これがエーテルの神秘なのです。
エーテルが神秘を帯びれば、
あなたの肉体すべてが輝きだすのを感じ取ることができます。

Ether

エーテルは山にあるので、
このエレメントをマスターするには山へ行きます。
これは極めて高度な形態のジャパなので、
他のエレメントを少なくとも1つはマスターしてから試みます。
また、いきなり始めるものではなく、プラーナだけで生きられるように、
いくつかのヨガをマスターしてから、山にとどまり、
沈黙の中でプラーナのみで生活をします。
何か食べる場合は、木から自然に落ちた果物しか口にしません。

自分のエレメントを知り、そのエレメントとともに瞑想することで、
「スピリチュアル的な生活」がとても楽になります。

そこに空があり
火があり、風があり
水があり、土があるように…

愛があります。

愛はただそこにあるものです。

私たちの中にも五大元素、土・火・水・風・空があるように、
私たちの中でただ愛は存在しています。

この愛がもっとも大切な元素なのです。

愛することを恐れないよう
愛することを忘れないよう
愛したことを後悔しないよう
愛を知れたことの喜びを感じ

そして 再び 愛を感じれるよう

パナマ　サンブラス諸島
ドッグ・アイランド

ドッグ・アイランド

私が今まで訪れた中で、美しい海ダントツ１位はカリブ海に浮かぶ、
パナマサンブラス諸島ドッグ・アイランド

透明な海水に浮かぶだけで…
自然界の美しさを感じられます。
地球は素晴らしいところです。
これからももっともっと
カラダやココロが喜ぶことをしていきたいです。

地球を愛すれば愛するほど、
地球は愛を返してくれます。

どんな時代になっても
どんなことが起きても

地球を愛してください。
愛の言葉を伝えてください。

都会でも田舎でもどこでもです。
ここに来たことを喜ぶことで
迎え入れられ、喜びを与えられます。

エアーズロックの頂上付近で

エアーズロック

オーストラリアのバイロンベイに住んでいる時に、
突然、アボリジ二の長老と繋がりました。

そして、後に知ったのですが、
バイロンベイはアボリジ二とって、とても大切な集会場だったのです。

彼らの苦しみが解き放たれるよう、
地上に残った魂が行くべき所へと旅立てるように祈りを捧げました。

私は彼らの導きによってウルルへと向かい、
彼らの聖地エアーズ・ロックに敬意を払いながら、
彼らの知恵を受けとるための瞑想とヨガをしました。

イデアとは、
古代ギリシャで、
第3の目、心の目で見る「純粋な形」を表した言葉として
使われていました。

このイデアを持つことで、
私たちは輪廻転生から抜けだすことができる、
つまり、カルマから解脱できるという説を
プラトンが哲学として残しています。

哲学とは、
「フィロソフィア」と呼ばれ、
「知の愛」という意味で、善を表現したものです。

愛を持った知識こそが哲学であり、
つまり、ヨガでいう「純粋意識」を持つことで、
宇宙や神々からの知恵を授かるということです。

ギリシャでは
このことをideaと呼び、「アイデア」と英語で発音されたのです。
プラトンは
プラーナのこともいち早く「生命」を司る大切なものだと
言っていました。

また3つの大切な愛も語りました。
それこそが、
天とつながる魂（純粋意識）を持つ愛・肉体への愛・知恵への愛なのです。

マインド・魂・肉体がつながる愛こそが私たちを進化させると、
ギリシャ哲学でも古くから説いていました。

ギリシャ
エーゲ海　サントリーニ島

プラトンの師であるソクラテスも「善を持って生きること」
また、「神のみが知る」という、ダルマを超えた領域とともに
生きることを唱えていたのです。

仏陀とプラトンの違いは、
仏陀が肉体の交わりを否定していたと言いますが、
私が仏陀から受け取ったメッセージでは、
プラトンと同じように
「純粋な愛こそが、タントラによって善をつくりだす」という内容でした。

また、火・水・土・空気の四元素を唱え、
この四元を結合させるのは「愛」であり、
逆に、四元を分離させるのは「争い」から起こる怒りの原理だと説いたのが、
ギリシャの哲学者エンペドクレスです。

愛を感じられる能力を持つことで、神秘的な体験を引き起こし、
この体験によって軽やかに進化することができます。

もう一方で、人は悲しい記憶や情緒的な感情をストックする傾向があり、
それを抱えている方が、もう２度と同じ過ちを犯さなくていい…という思いと、
怒りなどの感情的な人生の方がリアルな人生を歩んでいる気がする… という
無意識に支配されているのです。

南インド・ケララ

純粋な気持ちで愛し合っていれば、
たとえ、それがどんな形であろうと、
神様は祝福してくれます。

ハートの純粋意識からの愛は、
人間が決めたルールを討ち破り、
宇宙を超えた神聖な源につながるからです。

真実の愛は
ジェラシーも束縛もなく、その人の幸せを願うことができます。

どんな時でも、相手の自由を尊重して、
そして、お互いに進化していく愛を求めることは、
私たち人間が与えられた貴重なパートナシップ・Yogaです。

そのエネルギーは、
私たちを素晴らしいタントラの世界へと導いてくれます。

タントラとは、
3つの愛のエネルギーが1つになった時に目覚めが起きます。

1つめは、マインドのつながり
2つめは、ハートのつながり
3つめは、セックスのつながり

真実の愛を持った二人が
神聖な木の枝になった時、
そこにはアムリタの果樹を実らせます。

そんな愛しい人と一緒にサンセットを見るだけで、
電気を帯びたエネルギーが全身に流れるでしょう。

生命の音

私たちのカラダすべての細胞、33兆からなる細胞すべてが
「チャクラ」といいます。

私たちのカラダから発する音を波動ともいいますが、
この音を「生命の音」といい、
この生命の音によって、私たちのエネルギーが変わるのです。

また、主なチャクラは108個あり、
アーユルヴェーダではマルマといいます。

サンスクリット語は男性性54と女性性54の108の音からなり、
これらの音の振動が、108のチャクラを開かせてくれるのです。

それはまるで、蓮の花のつぼみが咲き誇るようなものです。

この蓮の花が咲いていた木の下で、
仏陀がご生誕されたといわれています。

Chakra of 1 & 2

チャクラは変容をもたらす霊的中枢であり、
サトルボディ（微細体）のスシュムナ・ナディ（肉体では脊髄の部分）の中にあります。

第1チャクラは背骨の基底部にあり、
ムーラダーラ・チャクラと呼ばれます。
生命を司っており、私たち人生すべての「運命の舵」を
握っている場所です。

第2チャクラは臍から指4本くらい下の奥深い場所にあり、
スヴァディスターナ・チャクラまたは「快楽の座」と呼ばれます。
あらゆるパワーの源であり、
イメージを具現化することができる場所です。

第3チャクラはみぞおちにあり、マニプラ・チャクラと呼ばれます。
マニプラは「宝石の地」という意味です。
このチャクラは身体の真ん中にあります。

第4チャクラ（ハートチャクラ）は胸の中心にあり、
アナハタ・チャクラとも呼ばれます。
このチャクラは神々や意識の高い宇宙とダイレクトにつながることが
できる場所です。
このチャクラから「無条件の愛、完全性、慈愛」を知ることが
できます。

Chakra of 3&4

第5チャクラは喉にあり、
ヴィシュダ・チャクラまたは「コミュニケーションの座」
「内なる声の座」と呼ばれます。
ほとんどの人がとても弱い場所で忘れがちなチャクラです。

第6チャクラまたはアジュナ・チャクラは両眉の間にあり、
第三の目とも呼ばれます。
「直感の洞窟」であり、時空が終焉を迎える場所です。
ここから先は未知への旅となります。
このチャクラはシヴァの洞窟または目とも呼ばれます。

Chakra of 5&6

第7チャクラは頭蓋骨の中心部の頂点にあり、
サハスラーラ・チャクラ、第10のゲートとも呼ばれます。
このチャクラにはあなたの内なる神が入っています。
ここは「魂の座、意識の座」です。
ここにアクセスすることができれば、
無限の知識を得ることができるようになります。
意識の源です。

第8チャクラはあなたの周囲の電磁場であるオーラです。
オーラが強いと、周囲からの影響を受けません。
オーラはあなたの存在感を外の世界に放射し、
周囲のエネルギーを整えてくれます。

ネパールのグル・リンポチェが修行をした洞窟

大泉門（だいせいもん）

脳の左右の骨と骨の空間、

赤ちゃんが誕生する時、頭が産道を通りやすいように
頭蓋骨の中に隙間があります。
また、脳が発達して大きくなるための空間でもあります。

ペコペコして柔らかい部分。
生後10ヶ月から固まりはじめ、2歳ごろには閉じてしまいます。

その後はヨガの実施のみによって開かれます。

この世を去るとき、魂がこの部分を通って肉体から解放されると、
もう生まれ変わることはないと言われています。

「ブラフマンの洞窟」「クマンバチの洞窟」
「盲人の泉」「第十のゲート」とも呼ばれます。

私は、もう地球に転生しないようにと、毎日浄化に明け暮れて、
最近はこのブラフマランドラに光を通すことが日課になっています。

Brahmarandhra
ブラフマランドラ

でも…今はこの美しい地球が大好きです。

インド・シッキム

ブータン

パドマサンバヴァ（Padmasa□bhava）が修行された洞窟

チベットやブータンでは、グル・リンポチェと呼ばれています。
仏陀の弟子である、アーナンダやシュリーシンハなど
素晴らしい僧侶から伝授された教えをチベットに伝え、
チベット仏教を築きあげた方です。

ブータンとシッキム、どちらの洞窟の中でも、
真言（マントラ）と、遺伝子レベルでの解放の方法を、
パドマサンバヴァから教えてもらいました。

2012年の皆既日食

2018年の皆既日食

アメリカで99年ぶりに、西海岸から東海岸を横断する皆既日食

オレゴンのイベントで、
ネイティブアメリカンたちのグループとともに、
彼らのティピー（中で火が焚けるテント）の中で過ごしました。

皆既日食の瞬間、
大きな歓声とともに気球が空高く登っていくのが幻想的でした。
皆既日食は想像を遥かに超えた輝きで、
まるでダイヤモンドのような美しさでした。
一生忘れることのできない体験です。

スエットロッジにも参加。
スエットロッジとは、ネイティブアメリカンにとって重要な儀式です。

特別なセージやその他の薬草を熱した石の上に置き、
聖水をかけながら祈りを捧げていきます。

それによって、私たちの無意識の領域が浄化されるのです。

最後に、ネイティブアメリカンだけが授けられる儀式を
してもらいました。

2017年水瓶座の時代に変わるタイミングで大きなギフトでした。

2014年9月9日、エクストリーム・スーパームーン

インドのアルナチャラ山（標高800m）で、
私が初めて「エネルギー伝授」を経験した強烈な奇跡の1日でした。

色鮮やかな羽を広げた孔雀の前で再会したインド人に、
なんとなくガイドを頼んだことがキッカケでした。

彼はもともと、
アルナチャラの山に住んでいたサドゥ（山の修行僧）だったので、
通常では絶対に入れない「満月の夜のアルナチャラ山」へと
案内してくれたのです。

そして、もう40年もアルナチャラの山で食せず住む
70歳を超えた最年長のサドゥによって行われた神聖な儀式にも
参加することになりました。

アルナチャラの登頂で、およそ18年に1度の割合でしか観測できない、
貴重で美しい満月の日を浴びながら、動きのヨガをしました。

そして彼らが、腰まで伸びる草をかき分けて、
秘密の洞窟へと案内してくれたのです。

彼らは、私が山頂で透視したガネーシャと同じものを、
わざわざ下山して街から運んで来てくれました。

ここで、私は初めて、
まったく知らないマントラが勝手に口から出てくると…という
驚く経験をしました。

サドゥ達は、それを最初っから知っていたかのように、
私を彼らの中に導き、
そして私の第3の目に指先でエネルギーを入れ、
覚醒させて、マントラを伝授したのです。

この儀式は前から決められていたように、
当たり前のように…
私は彼らと一緒にマントラを歌っていました。

1人のサドゥは笛を吹き始め、
2人のサドゥと私は素晴しいマントラ・セッションを楽しんだのでした。

面白いことに、サドゥ達と私の声の強弱の波、
「オーム・ナマシヴァーヤ」と唱え始める瞬間、
そしてマントラの歌を止めるタイミング、
最終的に終わらせる瞬間すべて、何度も練習したかのように
ピタっと同じだったのです。

そう言えば、この日の前日、アルナチャラの麓にあるアシュラムで、
マハリシだと名乗る人の声が聞こえてきて、
瞑想の方法を教えてくれました。

「第3の目が閉じてるね。恐怖があるから取って」
そう言われ…解放したばかりでした。

Super Blue Blood Moon

2018年2月1日

ナイル川に浮かぶ スーパー・ブルー・ブラッド・ムーン

Super Blue Blood Moon
スーパー・ブルー・ブラッド・ムーンの次の日
カルナック神殿

ウナス王のピラミッドの中で、
古代エジプトと宇宙の知恵をダウンロードしました。

私の身体の中に
「光の象形文字」が回転しながら入っていくのがしっかりと見えたのです。

ウナス王はもともと神官でした。
彼はエジプトの王になり、
魔法の使い方を文章にしてピラミッドの中に彫刻しました。
ピラミッドの中の壁一面に描かれている文字がすべてその聖なる文字です。
ヒエログリフとは「神さまの文字」という意味です。

ウナス王は
初めて「死者の書」、蘇りの方法、
どうやってバラバラになった骨を集めるのか、
あの世この世の扉を開ける方法を壁に描きました。
もともと神官だったからこそできた神業です。

自分の能力を上げるためには、
その行動に対して愛を持って敬意を払うことがとても大切です。
利益や報酬はあとからついてくるものです。

今回の旅はその思いを一気に確信させてくれる旅でした。
多くの神々と言われる存在と繋がるたびに、
彼らの純粋さと真心に心が溶かされていきました。
そして、今この瞬間、その光によって満たさせることに心から感謝です。

ウナス王のピラミッド内で神官のエネルギーに繋がった時、
いろんな意味合いで、ポジティブな気持ちで「自分の未熟さ」を感じました。
彼らがされてきた事は並大抵なことではなかったと思います。
何かを尊重して何かを愛し、
何かを残すために惜しみなく時間を費やしたのです。

素晴らしいエネルギーを伝授して下さったと
心から感謝しています。

あなたの中で何が起きているのか感じてみてください。

左手をハートの上に置き、何を感じているのか知る必要があります。

誰かを責めたり、誰かを否定したり、誰かを裁き始めたときに、
このことをしてみてください。

これはあなたに真実の気持ちを教えてくれる瞑想法です。

あなたの中で何が起きていますか？

誰かを裁いているのではなく、自分自身を裁いていることに気づくでしょう。
誰かを責めているのではなく、自分を愛せないことに気づくでしょう。
誰かを否定している自分は内なる鏡に
その人を映し出していることに気づくでしょう。

あなたの中にただ灯火を見つけてみて下さい。
そしてあなたの中にある「自分を信じる力」を増すように、
その灯火に伝えてみてください。

Believe in yourself

このシナイ山で、ヤハウェ神からモーゼは十戒を授かりました。

この日の数日前からエジプトではめずらしく大雨だったため、
霧の中からとても綺麗な太陽が現れました。

神は自然の中に宿っている。

山頂からみるサンライズはいつもそれを教えてくれます。

ヤハウェと唱えてみるだけで…
あの日のあの空間が蘇ります。

もう一度訪れたい山です。

私は6年間、ミッションスクールで聖書を学びました。
今になって、とても大切な教えをいただいたと感謝しています。

私が聖書の中で最も好きなシーンは、
「姦通の女」ヨハネによる福音書第8章3～11節。

「あなたたちの中で罪を犯したことのない者が、まず石を投げなさい」

姦通罪で捕らえられた女性に石を投げていた人たちに対して、
イエスが告げた言葉。

誰一人として、女性に石を投げられる人はいませんでした。

私たちは誰も責めることはできない。
なぜなら、前世を含め長い歴史を通して、
「罪を犯したことがない人」などいないからです。

ナザレの聖母マリアが受胎告知を受けた場所
聖ガブリエル教会

イエス・キリストご生誕の地
ベツレヘムの聖誕教会

ナザレの聖母マリア受胎告知教会

カトリックが受胎告知を受けたと主張している洞窟

ギリシア正教がマリアが受胎告知を受けた場所としている井戸

イエスが初めて奇跡を起こした場所

この場所はあまり知られていませんが、
確かに「水をワインに変えたという奇跡」が起こりそうなぐらい
エネルギーが強かったです。
この場所で瞑想をすると、自分の原点に戻れたような感覚がしました。

そして…ふと思い出した宇宙からのメッセージがありました。

私たちが進化していくと、
人間的な感情に揺さぶられることがなくなっていきます。

そして…遠い未来に気づくのです。

愛はとても大切なエネルギーの元素だということを。

家族愛 、パートナーシップ愛 、親友…

これがどんなに私たちに大きな奇跡を起こしてくれるか気づくのです。

だから、その愛だけはなくさないようにしなくちゃいけない。

未来はそう気づくのです。

117

Mt.Zion in Israel

かつて、イスラエルにあるシオンの山に
ユダヤ教のエルサレム神殿がありました。

そして、そのエルサレム神殿の上で、
イエス・キリストが磔の刑を受け、
現在は、キリスト教の聖墳墓教会になっています。
さらに、その教会の上に、
イスラム教徒が岩のドームを建設しました。

シオンの山は、
ユダヤ教、キリスト教、イスラム教、
3つの聖地が重なった、すごい場所なのです。

これは嘆きの壁の内側にあたる部分です。

イスラム教徒に破壊されましたが、
エルサレム神殿の偉大なる遺産は、
こうやって、今でも見ることができます。

現在でも、
多くのユダヤ教、キリスト教の方たちが、
壁に向かってお祈りを捧げている場所です。

祈りは
国境を超え、
宗教を超え、
地球を超え、
宇宙を超えていきます。

そして大事なことは、
祈りを発信する人の気持ちであり、
お互いを認め合える純粋な心なのです。

マサダ要塞遺跡

イスラエルの死海のすぐ側にある、
ユダヤ人最後の砦と言われるマサダ要塞遺跡

ユダヤ人967人がローマ帝国から追い込まれ、
最終的に集団自決した場所です。

１万５千人のローマ軍が２年の歳月をかけて、
イスラエルの奴隷たちを使い、
マサダの西側の山を埋めて包囲したそうです！

967名に対して２年間もかかったなんて、
なんと我慢強く耐えつづけたのでしょう。

この間の食料はどうしたんだろう…

砂漠だから水だけでも大変

最終的には奴隷になる道よりも、
この世を去ることを選び、
まず兵隊が妻や子どもを天国へと連れて行き、
残りの人たちはクジで選ばれた人によって、この世を去りました。

実際にクジで使った名前が書かれた石が、遺跡から発見されています。

自分の家族に自らの手をかけるなんて、
どんなに苦しい思いをされたのでしょう。
この場所には彼らの強い思いが未だに残っています。
遠い昔ではなく、
今も尚、ユダヤ人としての誇りを持ちつづけているのです。

死海

マハ・クンブメーラでの沐浴

Maha Kumbh Mela

私が初めてインドを訪れた時に、マハ・クンブメーラが開催されていました。

インドでは、
3年ごとに、「クンブメーラ」という祭典が聖地を移動して行われます。
アラハバード、ハリドワール、ナーシク、ウジャインです。

そして、クンブメーラの最高峰と言われるのが、
12年に1度だけ、アラハバードで開催される、
このマハ・クンブメーラなのです。

アラハバードは、
ガンジス、ヤムナー、サラスワァティー、
この三つの聖河が交わる聖地であり、
ヒマラヤから流れているサラスワァティー河は
地中の中、2つの河の下に隠れ流れています。

マハ・クンブメーラの時に
この河で沐浴をすると、
すべてのカルマが消滅すると言われています。

人はすべてバランスです。

バランスの中にこそ美学があります。

そのバランスの中心をしっかりと感じることができれば、
今までなかったものを手に入れることができます。

それが仏の心です。

あなたが仏の心になれば、
生きているものすべてに
仏を感じることができるのです。

どんなことも中立に見なさい。

中立に見ることで、
今までとは違う扉がひらきます。

その扉こそ、真の心、
すなわち真心となります。

釈迦族の王家にお生まれになった、
ガウタマ・シッダールタ（パーリ語ではゴータマ・シッダッタ）、
のちに仏陀と呼ばれるようになりました。

お釈迦さまが悟りを開いた時、ある木の下に座っていました。

のちに、その木は「仏陀の樹」と言われるようになり、
つまり… bodhi-tree
「菩提樹」となりました。

紀元前３世紀、
インドのマガダ国マウリヤ朝のアショーカ王が、
カリンガ国との戦いで
10万人以上の尊い命を抹消したことを悔い改めるために、
「ダルマ」の教えを伝達することに力を注いだのをキッカケに、
多くの人が仏教を学び始めました。

スリランカでは、
デーワナムピヤ・ティッサ王の時代に、
アショーカ王の娘 サンガミッタ尼が
インドのブッダガヤの菩提樹の分け木をスリランカへと運びました。

ネパール・ルンビニの菩提樹
お釈迦さまご生誕の地

131

スリランカのスリー・マハー菩提樹

この場所を初めて訪れた時、こんな声が聞こえてきました。

「人はカルマを解消するために生まれてきている。
しかし、多くの人は、カルマを解消することがカルマになっている」

菩提樹は
あまりにも厳重な警備をされており、木に触れるどころか、
ただ、上を眺めて、建物の中から飛び出している木の枝を見るのが精一杯です。

「え？　こんな遠くなの、葉っぱが落ちてこないかな～」

そう思った瞬間、
その枝からひらりっと、1枚の葉が私の足元に舞い降りてきました。
私がその葉を手にすると、
周りの人も欲しそうにしていて、
さらに後ろを振り向くと、多くの人が佇んでこちらを見ているのです。

びっくり私は、その葉を握りしめながら、
「ここにいるすべての人に、葉っぱが届きますように」
と祈ってみました。

すると、まるで、その祈りが届いたかのように突風が起き、
大きく揺れた枝から、たくさんの葉が舞い降り、
その葉は、瞬く間に愛ある居場所を見つけたようでした…

さらに、菩提樹と交流を始めてみると、
全身が陽だまりのような優しいエネルギーに包み込まれました。

「世界平和」
何度もその声が聞こえてきて、そして、こう続いたのを覚えています…

「まず、私たち1人1人が個人レベルで戦争をやめなけらばならない。
自分にとって憎い人を愛しなさい。
すべての人がそれを始めれば世界に平和が訪れます」

インドの菩提樹はヒンズー教の圧力より切り倒され、
それ以来、菩提樹のことをシヴァの木と呼ぶように指導されました。

呼び名なんてどうでもいい、この優しさと愛を感じれれば、
宗教も同じだと思う…
そして宗教より前に、
自分が憎むべき人が、元の光の存在となるように願うこと…
そうすれば戦いは終わるのかもしれない。
そんなことを考えていると、
大粒の雨が降り始め、その雨に打たれながら、

「こんな気持ちの良い雨は初めて」と…

周囲の人は雨宿りのため、屋根がある場所へと走って行きましたが、
私は菩提樹の前から離れることなく、全身ずぶ濡れになりながらも、
その聖なる沐浴を受け、
ただただ、そのエネルギーの暖かさに身を任せ、
強い光のブレッシングを受け取ったのです。

「葉を胸にあてて」
受け取ったメッセージのまま、葉をハートに当ててみると、
たくさんの愛と光が私のハートに溢れ出しました。

なんて優しいんだろう…

その感覚は私の中で今も生き続けています。

お釈迦さまの慈愛に満ちたエネルギーは、
今もなお、このスリランカの地に波動として残っています。

インド・ブッダガヤの菩提樹
スリランカほどのエネルギーは感じませんでしたが、
心が暖かくなる優しさに満ちていました。

そして、このスリランカの菩提樹の分け木が、
現在のインドのブッダガヤにある
マハーボディ寺院の「仏陀の樹」となりました。

消滅したインドの「仏陀の樹」が、
ふたたび、スリランカからインドへと返り咲いたのです。

そして
この菩提樹を訪れた次の日に、
あてもなくタクシーでホテルを探し、
バラナシではありえない上質なホテルを発見！

「Buddha」という名でした。

バリ島で
500年ぶりにお坊様になられた方のご子息から、
ガンジス川の上で儀式を受けました。

サンライズと手のひらの炎がつながり、

ガンジス川と頬を流れる涙がとけあい、

この世に誕生したことの喜びを感じた、尊い奇跡の日でした。

空 ― シューニャ

バリ島を訪れた目的はアグン山
2013年3月はガルンガンとニュピが同時にやってきた貴重な年月でした。

ガルンガンとは、210日ごとに巡ってくるバリヒンドゥーの祭礼日。
天上界の神々や自然霊、祖先霊が降り立つと言われ、
人々はお供物でもてなし、祈りを捧げます。

ニュピとは「静寂の日」という意味で、
悪霊が過ぎ去るのを待つために、
すべての灯りを消し、
空港やホテルさえも、すべてお休みになります。

それから毎年、バリ島を訪れ、なんと6度もアグン山に登りました。

4度目の登山で、私にとって初めての経験となる…自然界と一体化した瞬間に、
宗教を越えた領域、「空」の中に吸い込まれるように入っていきました。

それは、どんな空間なのか…
「愛と感謝、自由…」どんな言葉を使っても表現できません。
経験した者だけが、ここが「空」の領域だと確信する感覚であり、
日常では決して味わえない体験でした。

神聖幾何学

そして５度目のアグン山では、
月と星を見上げながら真夜中の登山を楽しみました。

途中、岩の上に座り目を閉じると、
複数の神聖幾何学の形をした光が回転しているのが見えました。
そして、ゆっくりと目を開けると、
同じ神聖幾何学模様が宙に舞っており、
それは肉眼でもハッキリと観察することができました。

その美しさに心を奪われた私は、しばらくフリーズして、
ただ、ただ、頬の上を流れる涙を感じながらも、こう思ったのです。

「この美しい光を体に入れなきゃ」

Sacred geometry

私が大きく息を吸い込むと、
その黄金色に輝く神聖幾何学模様はどんどんと小さくなり、
吸い込まれるように私の身体の中に入っていき、
あちこち行き来しながら細胞へと到達しました。

バリ島に訪れるたびに奇跡は起こり、
まるで夢の中にいるようでした。

アグン山の頂上から見たサンライズ

バリ島と言えば、ヒンドゥー教だと思いますよね。
実は違うんです。
戦後、バリ島で5つの宗教を維持することが決まり、
ヒンドゥー教は枠埋めのための新しい宗教でした。

遠い昔、バリ島に伝わったのは、インドからの仏陀の教えでした。

その後、「シュワ仏陀」として花を咲かせ、論理を確立させたのです。

「シュワ仏陀」とは、
日本で言えば、
神道の「萬の神であるシュワ」と、仏教の「仏陀の教え」
この2つが交じった密教なのです。

その後、この教えはチベットへと渡り、
チベット仏教としての流れを作りました。

श्री अनंतवीर्य स्वामी

श्री शीतलनाथ स्वामी   श्रीयशोधर स्वामी

マハヴィーラ

彼はジャイナ教の開祖であり、仏陀と同じ時代に悟りを得た聖人です。
ジャイナ教の名前の由来は、
ジナJina、勝利者という意味からきています。

ジャイナ教は、
仏教と同じ時代、2500年前からインドにある神秘的な宗教ですが、
仏教のように海外には広まりませんでした。
原子論を唱えており、
どんな物質も目には見えない原子から成り立っていて、
物の表面的なものを見るのではなく、
あらゆる角度から観察できる知恵がとても大切だと説いています。

この寺院で祈ることで、
先祖、また自分の三世代あとまで影響を及ぼすことができるそうです。
特別なマントラを唱え、
カルマ、ダルマ、運命、遺伝子に革命を起こす領域へと
繋がっていきました。

Mahavira

ジャイプールにある「石の詩」と呼ばれるラナックプール寺院
Ranakpur Jain Temple
インドにある重要なジャイナ教寺院の５つの中の１つであり、
世界の中でも驚異的なパワースポットです。

Just Now

今を生きることの大切さ
瞑想をすることで
「今この瞬間」を
生きられるようになります。

過去の後悔や反省で時間を使わない。
未来の計画もしないから悩まないし、
不安にもならず希望も持たない。

ただ、「今この時」が愛おしくて
この瞬間を生きている動物や昆虫、植物が愛おしくなる。

なによりも自分を愛せるから
なにかをしても自分を責めないし
ナチュラルに生きられる。

天空の神殿　シーギリヤロック

世界で最も強力なエネルギーセンターの１つで、
シーギリヤロックを訪れる度に、
全身が痺れ、とてつもなく強力なエネルギーを感じることができます。

それもそのはず、実は、シーギリヤロックの歴史は長く、２万年前にまで遡ります。
一般的には、
５世紀頃、カーシャパ王によって建設された要塞としてだけ知られており、
岩の上の宮殿が観光地となっていますが…

な・なんと！
床や壁に金やダイヤモンドを使用した、超豪華な宮殿が、
岩の中に隠されているのです！

２万年前、スリランカは３つに分かれていました。
Kalutata（wela pura）―タラカ王の支配下
Singa mukha（Lankapuraya）―シンガムガ王の支配下
Trincomalee ―スラグプタ王の支配下
当時、シーギリヤはシンガムカ王の要塞でしたが、
ラーヴァナ王は弟と一緒にシンガムガ王と戦い、その領地を奪ったのです。
その後、ラーヴァナ王はスリランカを統治し始め、
シーギリヤは彼の主な要塞の１つとなり、岩の中に城を建てました。
その城は、王の間や修道院として使われ、
また、ルワンウェリサーヤ大塔を建設したドゥトゥガムヌ王（紀元前161年から
紀元前137年まで君臨したスリランカのシンハラ人の王）の深い慈悲によって、
特別な瞑想センターが設けられ、神聖な場所として使われていました。

最終的には岩の中に入るためのアクセスポイントは全て閉鎖されましたが、
２万年が経った今でも、この場所で瞑想をすると、
この特別なエネルギーに気づくはずです。

ラーヴァナー王時代の宇宙意識に繋がることで、
スリランカの奇跡の道を辿って行くはずです。

私たちの今世は、
まるで映写機のフィルムの一部を切り取ったようなものです。

これ以前の人生もあり、
これから転生する人生もあります。

多くの人は、今世だけのことに執着して、
別れを悲しんだり、幸せだと感じる現状を維持しようと、
時が流れること、すべてを失うことに恐れを抱いてしまいます。

今、あなたが固執している人も、
前世では通りすがりの人だったかも知れないし、
来世は巡り会うことがない人かも知れない。

さあ、どんな時も心を開いて、
「進化して幸せになるために全て手放します」と、宣言してみて下さい。

私たちは幸せに進化するために、この地球に生まれて来ました。

それは今も昔も未来もずっと同じ…

勇気を持って手放して、「空」になるのです。

あなたが固執しているものは、未来にはただの石ころかも知れないのです。

逆に、あなたが石ころだと思っているものは、
あなたの中に「奇跡を起こすダイヤモンド」になる可能性もあるのです。

スリランカ・ピドゥランガラロック（Pidurangala Rock）

ピドゥランガラロックは
シーギリヤロックの正面にあります。

約5000年前のラーヴァナー王の時代、
空飛ぶ乗り物の着陸場として、
また、軍の訓練センターとして使用されていたと言われています。

ラーヴァナ王が去った後には、
数千人の悟った僧侶がやって来て、
洞窟や涅槃仏像の前で瞑想をしていました。

涅槃仏像は、
18種類以上の薬を含む特殊な土と成分から作られており、
月明かりや朝日に照らされると、
仏像がゴールドに輝き、とても神秘的なエネルギーに満ち溢れます。

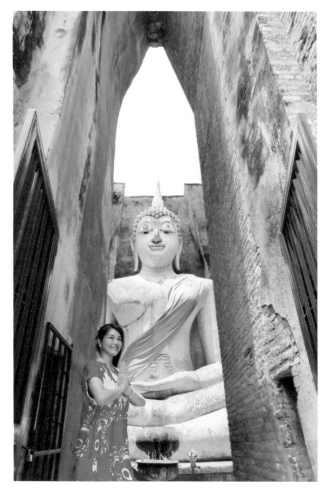

Dhyana
ディヤーナ
（サンスクリット語）

パリ語でジャーナ
中国に渡りチェン
日本では禅となる。

ディヤーナ禅とは
頭が空になること。

空になろうとして
空になることはない。

空になるためには
すべてを手放して何も期待しないこと。

ディャーナの領域に入るためには、自分に嫌なことをした方を、
形だけでも、その人が幸せになるように祈ることです。

その方がそのような存在になったのにも原因があるからです。

もし、その人を憎みネガティヴなエネルギーを送れば、
その人はもっと人を傷つける悪魔になります。
だから、その人がもとの神聖な存在になるように祈り、
愛と光をイメージして送ることが大切なのです。

最初は形だけでも、それを続けていると、いつかそれは本物になります。
何よりも自分自身がその純粋エネルギーで満たされ、
歓喜でいっぱいになります。

そして、その方のおかげで…という現実が必ず訪れます。

それと同時に、脳の中の「過去の苦しみ」が消え、
今を生きられるようになるのです。
そうすれば、いやでもディャーナの状態になり、
自分の意識の質が上がるのです。

そうなれば、神のエネルギーを感じられるようになり、
その次元の美しい光に包まれて生きられるようにもなるのです。

Sparkling

きらめく光の中へ
手を差し伸べてみて

シャンパンの中に溶け込むように…
キラキラと輝く光にただ酔いしれながら伸びすぎた
黒く長い自分の影を解放して
新しい自分に生まれ変わるのです。
輝くことは私たちに与えられた特権だから、
光から生まれ光の中へ戻っていくだけなのです。
イメージしてみて
あなたのすべてがきらめいているのを…

私が初めてバシャールとつながったのは1987年
スペインのサグラダ・ファミリアに訪れると、
バシャールが見せてくれた恍惚の光を思い出します。

君が涙を流すと愛を感じられる

そんなことを言ったら怒るかな？
でも、そうなんだよ
だって、ずっと我慢していたでしょ、泣くことを…
泣いたら負けだって、ずっと思ってたでしょ
今の君の方が100倍も美しくて輝いているよ
弱くなったんじゃないんだよ

自分に正直になって、本当の自分で生きる決心をしてくれたんだ
だから、泣いてる君はとても心地よくて安心して見てられるんだ
もっと心を開いて、心で感じてごらん　力を抜いてごらん
泣きたい気持ちを隠さないで　おもいっきり泣いてごらん
地球が楽しくなるから
生きることの本当の意味が分かるから

私が本格的に自分を解放し始めた頃、
バシャールからいつもこう言われて励まされました。

幼い頃から泣くことを許されなかった環境だったので、
自己ヒーリングを始めた頃は本当に毎日泣いてました。
家族にバレないように、ベッドやお風呂の中で大泣きしてて、
そんな時、こんな素敵なメッセージをもらったら、惚れちゃいますよね。

バシャールは永遠の恋人です。
ギャグセンスが抜群でおもろいし（笑）

ありがとう　バシャール

フランスのピレーネ山脈を越えて、スペインへ

病気が治る奇跡の水「ルルドの水」は、
このピレーネ山脈からの雪解け水なのです。

2011年に、私がルルドを初めて訪れた時、
「ピュレーに行きなさい」っと、はっきりと聞こえてきて、
私は、突然のその声に驚きながらも、
「あなたは誰ですか？」と、尋ねていた。

すると、「アシュター」と答えが返ってきたのです。

この時、
「ピュレー」も「アシュター」も、
初めて聞く単語だったので、
とにかく、ネットで調べてみると、
「ピュレー」は何度も何度も調べて、「ピレーネ山脈」のことだと分かった。

私は、「アシュター」は「アシュタール」とも言われる
銀河連盟のことだと分かると、
まるで探偵ごっこのように、
このメッセージを信じて、レンタカーを走らせたのです。

Message

from

Ashtar

辿り着いたピレーネ山脈の美しさに魅惑され、
肌に溶け込むような優しいエネルギーに感動をしたことを、
今でもハッキリ思い出すことができます。

あれから５度も訪れた大好きな場所となりました。
今でも、アシュターは、私を守ってくれています。

虹・雪・雨・光

１日で１年の季節を
すべて経験したようだった。

自然界のエネルギーは人生を変える。

ピレーネ山脈から流れる「奇跡の水」

カナダ　ホワイトホースで観たオーロラ

一瞬で凍ったシャボン玉

チットーガー砦（Chittorgarh Fort）

７世紀、マウリヤ支配者によって建設された城。

インド古来の伝記であり、
数々の賞に輝いたインド映画「パドマーワト 女神の誕生」の
舞台となった、インド最大の砦。

イスラエルの最大の砦もそうですが、
ここは強固なる「勇気、意識、愛」のエネルギーが残っています。

私たちの前世レベルや遺伝子の中にある、
宗教戦争の傷跡を解放して修復することができます。

いろんな道があるからこそ、楽しい。

どんな道を歩んでも、私は前に進む。

笑って、泣いて、笑って、笑って、
この生命を与えられたことに

あ〜最高だ！って　言えるから
ありがとう！って　言えるから

Going my way

皆さま

私の「奇跡の旅」にご一緒してくださって、ありがとうございました。

ここには書き切れないほどの国に訪れ、数え切れないほどの驚く体験をしました。
まだまだ現在進行形で、地底ナーガの世界やブラフマンについてなど、
書きたいことが一杯です。
なので、ギリギリに内容変更しちゃいましたが、横田さん、優しいお言葉を
ありがとうございました。

このような機会を与えて下さった、ゴマブック社の嬉野さんやシュガープラスの
美佐子ちゃん、関わって下さった皆さまに心から感謝しています。

そして何よりも、各国からの遠隔セッションを受けて下さった皆さま〜♡
皆さまとご一緒できたからこそ、私は進化しました。
分かりやすいように、人に嫌なことをされたり、試されるようなことが
次々に起きて、愛と光を送りながらも、自分の気持ちを必死に伝えました。
何度も戸惑い、最初の頃は泣くこともありましたが、
今では心が揺れることもなくなりました。

2019年のスリランカの爆弾事件の時でさえ、冷静でした。
ヒマラヤの厳しさも、優しい愛にしか感じられませんでした。

呼吸法や瞑想のおかげで、神々や宇宙との繋がりが深くなり、
どんな問題が起きても、「必ず良いことになる！」という確かなる自信を
持てるようになったからです。

目の前の美しい絶景を見ながら、いつも思うことは…
やっと、スタート地点に立てた！
という思いです。

そう！　Happy Evolution は永遠です。
エイエイオー♫♪♪

時任千佳

【期間限定！購入者特典】
抽選でズームセッションを
10名様の方にプレゼント！

2020年６月30日までに書籍を購入したことが
わかる写メ（書籍の写メやレシートなど）を
下記アドレスまで送付してください。

happypresent@goma-books.co.jp

後日、当選されました方にのみ、
ご連絡等を差し上げます。

【著者プロフィール】
時任千佳（ときとうちか）
福岡県生まれ。日本カウンセラー協会認定カウンセラー、インド政府機関認定アーユルヴェーダ セラピスト
モデル・女優として活躍後、俳優・時任三郎氏と結婚。芸能界を引退し、3人の子どもの母となる。結婚と前後して、生まれながらの能力を使い、ごく親しい人たちの個人セッションのみを行っていたが、現在では執筆活動、国内海外でセッションを行っている。また、ヒマラヤ聖者から伝授された古代ヨガと、チャネリングによって開発された独自のヨガクラスを展開している。

Happy Evolution
ハッピー エボリューション

2020年6月10日　初版第1刷発行

著　　　者／時任千佳
発　行　者／赤井　仁
発　行　所／ゴマブックス株式会社
　　　　　　〒107-0062
　　　　　　東京都港区南青山6丁目6番22号
印刷・製本／みつわ印刷株式会社